EL UNIVERSO DE

BTS

UN HOMENAJE NO OFICIAL A
LA BANDA DE K-POP MÁS GRANDE
DEL MUNDO

A LITTLE BIT OF BTS
EL UNIVERSO DE BTS

Edición original en lengua inglesa: Octopus Publishing Group LTD.

Loreto 13-15, Local B. 08029 Barcelona – España
revertemanagement.com

Fecha de publicación: mayo 2026

2ª impresión: junio 2026

Edición en papel
ISBN: 979-13-88177-11-8

Edición en ebook
ISBN: 978-84-291-0046-4 (PDF)

Editores: Ariela Rodríguez / Ramón Reverté
Coordinación editorial y maquetación: Patricia Reverté
Revisión de textos: Mariló Caballer Gil
Imagen cubierta: © N.Park/Shutterstock.com
Adaptación cubierta al español: Feriche Black

Este libro y la tarjeta interior no son oficiales ni cuentan con el respaldo de BTS, ellos no han participado en su elaboración. La cita incluida en la tarjeta forma parte del contenido editorial de este libro. Ha sido escrito por fans y para fans. Se ha intentado en la medida de lo posible garantizar que toda la información sea correcta. En caso de que hubiera algún error, pedimos disculpas y estaremos encantados de introducir las correcciones oportunas en futuras ediciones.

Impreso en España – Printed in Spain
Depósito legal: B 9990-2026
Impresión y encuadernación: Liberdúplex
Barcelona – España

163

FSC www.fsc.org MIXTO Papel | Apoyando la silvicultura responsable FSC® C109440

DE

....

PARA

....

INTRODUCCIÓN

Querido ARMY:

Tanto si conoces a BTS desde sus inicios en los blogs, por su era Love Yourself, o desde que arrasaban en la pista de baile con sus actuaciones explosivas y sus movimientos suaves como la mantequilla (*smooth-like-butter*), no hay mejor momento para volver a enamorarte de ellos que ahora mismo. En este pequeño libro, emprenderás un fabuloso viaje, que va desde sus primeros días como aprendices hasta que se convirtieron en un fenómeno de masas.

Conoce más a fondo a estas siete superestrellas a través de datos fascinantes sobre sus vidas, reflexiona sobre sus sabias palabras a través de citas cautivadoras y participa en las mejores trivias para poner a prueba tus conocimientos sobre BTS.

El universo de BTS rinde un sincero homenaje a este extraordinario grupo, de un ARMY a otro. ¡Incluso el desierto puede convertirse en un mar si estamos juntos!

¡Preparados, listos, ya!

DESEO QUE
NUESTROS FANS,

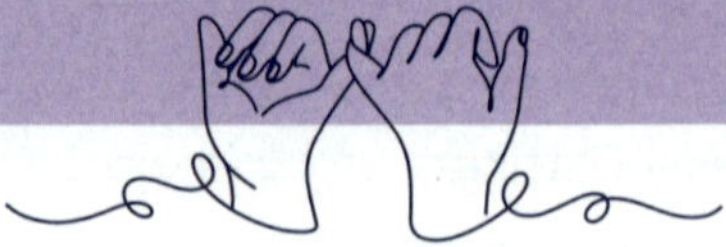

NUESTRO ARMY,
SEAN FELICES.

KIM SEOK-JIN (JIN)

¿SABÍAS QUE...

BTS y su sello discográfico, Big Hit, tienen una historia ficticia secreta llamada *The Bangtan Universe*, también conocida como *BU* o *BTS Universe*. Es la historia de siete amigos unidos por el destino, que están atrapados en un ciclo de sufrimiento repetitivo. La historia se entreteje con intrincados mensajes ocultos a lo largo de sus canciones, libros, *webtoons* y videojuegos para teléfonos móviles.

Reclutado únicamente por
su aspecto físico, uno de los
miembros de BTS fue perseguido
por un director de casting de
Big Hit Entertainment después
de que lo viera bajarse de un
autobús. ¿Qué miembro fue?

a) V

b) Jimin

c) Jin

DEBERÍAN EDUCARNOS EN CÓMO ENCONTRAR LA FELICIDAD DESDE UNA EDAD TEMPRANA, TAL COMO APRENDEMOS EL ALFABETO, PERO NO HA SIDO ASÍ.

MIN YOON-GI (SUGA)

¿SABÍAS QUE...

La Universidad de California, Berkeley, lanzó un curso de dos créditos llamado «Líderes de la próxima generación: BTS» como parte del programa «Educación democrática en Cal» de Berkeley. Este módulo fue iniciado por dos fans de BTS allá por 2019 y sigue impartiéndose como curso presencial. Esta asignatura aborda la comprensión del impacto global de la banda al tiempo que explora los diferentes aspectos del grupo.

¿En qué fecha debutó BTS en el programa musical *M Countdown* con el sencillo «No More Dream», de su primer álbum titulado *2 Cool 4 Skool*?

a) 13 de junio de 2013

b) 13 de noviembre de 2013

c) 14 de julio de 2014

Siempre quise convertirme en un artista capaz de brindar consuelo, alivio y energía positiva a la gente.

JUNG HO-SEOK (J-HOPE)

¿SABÍAS QUE...

En un encuentro con fans en 2016, V acuñó la palabra coreana *borahae*, que en inglés se traduce como «*I Purple You*». En español, a veces se utilizan términos como «te quiero morado» o «te amo en morado». Este término, muy popular entre sus seguidores, simboliza un amor profundo y eterno entre el grupo y sus fans (ARMY). Se utiliza el color morado (o púrpura) porque es el último color del arcoíris, lo que sugiere una conexión que perdura hasta el infinito.

¿Qué canción de BTS es una oda a los artistas que aborda el tema de la compleja relación entre los creadores y su arte, así como el miedo a perder esa pasión?

a) «Blood Sweat & Tears»

b) «Black Swan»

c) «IDOL»

HEMOS APRENDIDO
A QUERERNOS
A NOSOTROS
MISMOS,

ASÍ QUE AHORA
OS ANIMO A QUE
«EXPRESÉIS LO QUE
SENTÍS» (*SPEAK
YOURSELF*).

KIM NAM-JOON (RM)

¿SABÍAS QUE...

Para celebrar su décimo aniversario, el grupo publicó un libro titulado *Beyond the Story: 10-Year Record of BTS*. Hubo problemas con las editoriales, ya que su décimo aniversario caía en domingo y este sector suele publicar las novedades los martes o los jueves. A pesar de ello y dada la popularidad de la banda, las editoriales cedieron. Se imprimió el 13 de junio de 2023, coincidiendo con el décimo aniversario de su debut oficial, y se publicó el 9 de julio, coincidiendo con el décimo aniversario del Día de ARMY.

¿En qué gala de premios de EE. UU. interpretó BTS por primera vez su canción «DNA», durante la cual los fans corearon tan fuerte que los editores tuvieron que silenciar el ruido de fondo?

a) American Music Awards (AMAs)

b) Billboard Music Awards (BBMAs)

c) Los Grammy

LOS MIEMBROS
DEL GRUPO SON MI
MOTIVACIÓN. ME
HACEN CREER QUE
PODEMOS LOGRAR
MUCHÍSIMAS
COSAS. Y ESO ME
MOTIVA AÚN MÁS.
EL SIMPLE HECHO
DE TENERLOS CERCA
TAMBIÉN ME ANIMA.

PARK JI-MIN (JIMIN)

¿SABÍAS QUE...

BTS fue nombrado Enviado Presidencial Especial para las Generaciones Futuras y la Cultura el 21 de julio de 2021 por el entonces presidente de Corea del Sur, Moon Jae-in. El nombramiento se realizó para concienciar a la gente sobre asuntos globales, como el desarrollo sostenible, y para fortalecer el poder diplomático de la nación en todo el mundo. Todos los miembros del grupo recibieron pasaportes diplomáticos para utilizarlos en viajes oficiales.

¿Cómo se llama la canción no oficial, lanzada por *rap line* (RM, SUGA y J-Hope) como parte del BTS Festa 2018, que es un tema de respuesta (*diss track*) a críticos y detractores de la escena hip-hop de Corea del Sur que el grupo recibió sobre su forma de rapear?

---

a) «BTS Cypher Pt.2»

b) «We On»

c) «Ddaeng»

Siempre voy anotando ideas en un diario o un cuaderno. Son cosas sobre las que me gustaría escribir, pero creo que necesito que pasen al menos tres meses para hacer algo con ello.

KIM TAE-HYUNG (V)

¿SABÍAS QUE...

Una de las mejores amistades de los integrantes del grupo es Halsey, a quien conocieron en su primera edición de los Billboard Music Awards en 2017. Antes de su actuación, Halsey les regaló churros. A lo largo de los años se han ido apoyando mutuamente en los momentos importantes y han colaborado en varias canciones. Recientemente, tras el nacimiento del bebé de Halsey, SUGA le regaló un anillo de oro para el bebé, una tradición en la cultura coreana que simboliza buena salud y fortuna.

¿Cuál de estas canciones nunca ha interpretado BTS en directo?

a) «Coffee»

b) «Crystal Snow»

c) «Louder Than Bombs»

DICEN QUE EL
HEXÁGONO ES
LA FORMA MÁS
PERFECTA.

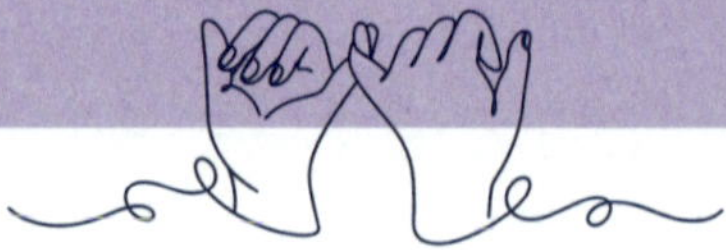

PERO EL MÍO TIENE
UNA GRIETA.
NO ES PERFECTO.
QUIERE SERLO,
PERO NO DEJA
DE ROMPERSE.

JEON JUNG-KOOK
(JUNGKOOK)

¿SABÍAS QUE...

«Dionysus», una de las canciones más populares del grupo, hace una referencia mitológica al dios griego del vino, también conocido como el dios del teatro, la locura y la inspiración divina. Al ser el único olímpico con una madre mortal, se le consideraba un marginado en el Olimpo y formó su propio grupo de devotos seguidores; un paralelismo con la trayectoria de BTS, ya que ellos también estuvieron marginados en la industria del K-pop, porque procedían de un sello discográfico que, en aquel entonces, era pequeño.

En el vídeo de la canción «Blood Sweat & Tears», ¿qué integrante de BTS besa una estatua de Lucifer, un ángel caído, para simbolizar su rendición a la tentación, presagiando así su pérdida de la gracia divina?

---

a) Jimin

b) V

c) Jin

SIEMPRE QUE
ESTÉS PASANDO
POR UN MOMENTO
DIFÍCIL, EXPLICA
A LOS DEMÁS QUE
ESTÁS SUFRIENDO;
PÍDELES QUE TE
COMPRENDAN Y
TE CONSUELEN.

KIM SEOK-JIN (JIN)

¿SABÍAS QUE...

A lo largo de los años, BTS ha actuado en algunos de los escenarios más imponentes del mundo. En octubre de 2020, cantaron su canción «Dynamite» en el salón Geunjeongjeon del Palacio Gyeongbokgung, donde se encuentra el trono del rey de la dinastía Joseon. Entre otros lugares emblemáticos, están el Puente de la Copa del Mundo de Seúl, la Terminal Grand Central de Nueva York, la sede de la ONU en Nueva York e, incluso, ¡el interior de un avión!

En el episodio 20 de *Run BTS*, titulado «Taste of Korea» (Sabor de Corea) y considerado el más divertido, ¿a qué integrante se le quedaron pegadas las patatas en el plato?

---

a) Jin

b) RM

c) Jungkook

Realmente creemos que los siete integrantes de BTS siempre estaremos juntos. Cada uno de nosotros tiene su propio mundo, y mantenemos un respeto mutuo.

MIN YOON-GI (SUGA)

¿SABÍAS QUE...

La gira más rentable de BTS sigue siendo Love Yourself World Tour y su extensión, Love Yourself: Speak Yourself. Más de dos millones de fans de todo el mundo asistieron a esta gira entre 2018 y 2019, que generó más de 196 millones de dólares. La entrada más cara se vendió por 3.850 dólares para el concierto de Chicago (EE. UU.) y la compraron en Massachusetts.

¿Qué integrante de BTS, a los veintisiete años, fue el único en convertirse en embajador de dos marcas de lujo, concretamente Dior y Tiffany & Co.?

a) Jimin

b) Jungkook

c) SUGA

EN LUGAR DE ESPERAR QUE A TODO EL MUNDO LE GUSTE LO QUE HE HECHO,

INTENTO ENCONTRAR SENTIDO A MIS LOGROS: AL HECHO DE HABER SIDO CAPAZ DE HACER LO MÍO.

JUNG HO-SEOK
(J-HOPE)

¿SABÍAS QUE...

El videoclip de la canción «Save Me» se rodó en una sola toma. Ambientado en Saemangeum, una marisma situada en la costa suroeste de Corea, el videoclip muestra a los miembros del grupo cantando y realizando una intensa coreografía contra el viento, con un fondo de nubes bajas para maximizar la emoción de la canción y su letra.

¿En qué año todos los integrantes del grupo se hicieron sus tatuajes de amistad con el número «7», que simboliza su vínculo único?

a) 2020

b) 2021

c) 2022

VAMOS POR UN
CAMINO QUE ESTÁ
TRAZADO DESDE
QUE NACEMOS,
PERO SIGO
CREYENDO QUE
PODEMOS CAMBIAR
ALGUNAS COSAS.

KIM NAM-JOON (RM)

¿SABÍAS QUE...

A RM le apasiona coleccionar arte coreano. Su gran amor por este arte se refleja en su álbum en solitario, *Indigo,* cuya portada muestra una obra del artista Yun Hyong-keun e incluye una canción titulada «Still Life» (naturaleza muerta o bodegón), que hace referencia al género artístico del mismo nombre. Otras de sus grandes pasiones son la lectura —sus fans pueden seguir sus propuestas de lectura en línea— y el cuidado de bonsáis.

Durante el rodaje de la cuarta temporada *de Bon Voyage*, en 2019, ¿a qué miembro del grupo se dejaron olvidado, a modo de broma, en una gasolinera en Nueva Zelanda?

a) J-Hope

b) RM

c) Jimin

Quizá a primera vista
las cifras indiquen
que todo nos va
bien, pero nosotros
también pasamos por
momentos difíciles.

PARK JI-MIN (JIMIN)

¿SABÍAS QUE...

Hasta diciembre de 2024, BTS ha conseguido 26 récords Guinness mundiales. En 2018 batieron el récord del vídeo musical más visto en YouTube en 24 horas con «IDOL», y desde entonces cada año han obtenido ese mismo récord. Otros de sus récords han sido el grupo más reproducido en Spotify, el grupo con más seguidores en Instagram e incluso el mayor número de entradas vendidas para un concierto retransmitido en directo, ¡con 756.000 asistentes! Fueron incluidos en el Salón de la Fama Guinness World Records 2022.

Hacia el año 2013, durante un videoblog, ¿qué miembro del grupo presentó a Jungkook a los fans como Golden Maknae debido a su abrumador talento para el canto, el baile y el rap?

a) SUGA

b) J-Hope

c) RM

TANTO SI ESTOY ACTUANDO
EN EL ESCENARIO, COMO
COMPONIENDO MÚSICA
O PRESENTÁNDOME
A MÍ MISMO,

**MI AUTOCONFIANZA
PROVIENE DE TENER LA
CONCIENCIA TRANQUILA
Y DE SENTIRME ÍNTEGRO.**

KIM TAE-HYUNG (V)

¿SABÍAS QUE...

En 2013, BTS debutó con el logotipo de un chaleco antibalas que reflejaba su enfoque inicial de crítica social y los temas que atañen a la juventud. La segunda versión del logotipo, con cuatro círculos, hacía referencia a los integrantes del grupo y a sus objetivos comunes. En 2017, presentaron el popular logotipo que incorpora dos trapecios formando la silueta de una puerta, lo que simboliza su crecimiento y su deseo de conectar con un público global.

¿En qué año BTS es nombrado Artista del Año por la revista *TIME*?

a) 2019

b) 2020

c) 2021

MI VIDA AHORA NO
TENDRÍA SENTIDO
SIN ARMY... ELLOS
SON LOS QUE
ME APOYAN, POR
LO QUE QUIERO
SENTIRME CÓMODO
MOSTRÁNDOLES
QUIÉN SOY.

JEON JUNG-KOOK
(JUNGKOOK)

¿SABÍAS QUE...

El videoclip de la versión orquestal de la canción «Black Swan» fue interpretado por la compañía de danza MN como un film artístico. Ha acumulado más de 45 millones de visitas en YouTube. Debido a su popularidad, esta versión de la canción también ha sido interpretada por la Orquesta Juvenil Sinfónica de San Francisco y por la Orquesta Sinfónica de Londres.

En los premios MAMA de 2014, ¿qué actuación de baile de BTS los catapultó al estrellato en Corea del Sur?

---

a) «Danger»

b) «BTS Cypher PT.3: KILLER»

c) «War of Hormone»

Esos días que algunas personas consideran como una pérdida de tiempo son necesarios para, después, poder centrarte mejor en las cosas útiles.

KIM SEOK-JIN
(JIN)

¿SABÍAS QUE...

Apenas seis meses antes de su debut, BTS lanzó su blog oficial, a finales de diciembre de 2012, junto con su cuenta oficial de Twitter (ahora X) y el canal de YouTube BANGTANTV. Utilizado principalmente para subir canciones de SoundCloud, este blog se convirtió de inmediato en una herramienta para que los integrantes mantuvieran al día sobre su vida cotidiana a su cada vez mayor club de fans. Gracias al contenido de su blog, desde fotos y vídeos hasta recetas culinarias, sus fans podían sentirse conectados con ellos.

En 2016, V debutó como actor, pero ¿en qué K-drama coreano?

a) *La leyenda del mar azul*

b) *W*

c) *Hwarang: The Poet Warrior Youth*

LA RAZÓN POR LA
QUE EMPECÉ A HACER
MÚSICA ES QUE

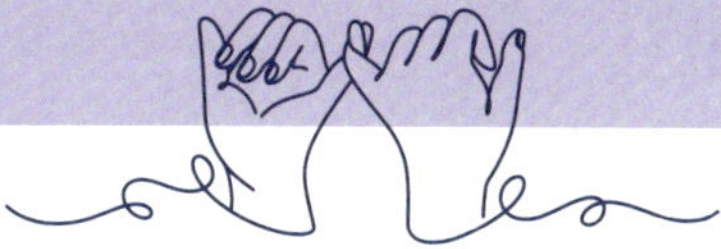

**CRECÍ ESCUCHANDO
LETRAS QUE
HABLAN DE SUEÑOS,
ESPERANZAS
Y PROBLEMAS
SOCIALES.**

MIN YOON-GI (SUGA)

¿SABÍAS QUE...

Al principio del videoclip de la canción «Butter», se ve a los miembros del grupo sosteniendo carteles con fotos de fichas policiales en las que aparecen diferentes números, cada uno con un significado especial. El grupo sustituyó estos números por otras fechas significativas para ellos, visibles en el vídeo que se reprodujo al comienzo de su concierto Permission to Dance On Stage, celebrado online para sus fans.

¿Cómo se llamaba el perro de Jungkook que falleció en 2021?

---

a) Bam

b) Gureum

c) Song

EL PRÓXIMO PASO
PARA BTS ES PENSAR
EN CÓMO PODEMOS
EQUILIBRAR
NUESTROS MATICES
INDIVIDUALES
CON EL GRUPO
SIN MENOSCABAR
LA AUTENTICIDAD
Y LA IDENTIDAD
DE CADA UNO.

JUNG HO-SEOK
(J-HOPE)

¿SABÍAS QUE...

J-Hope es el único artista surcoreano que ha encabezado el cartel en Lollapalooza, un importante festival de música estadounidense, donde actuó en 2022 ante más de 100.000 personas. Fue un momento épico para el festival, ya que J-Hope atrajo a una gran cantidad de gente y se vendió el mayor número de entradas en sus 31 años de historia. Su actuación duró más de una hora, durante la cual el artista cantó y bailó 19 canciones.

En 2019, de imprevisto y justo antes del concierto de Osaka, ¿de qué color se tiñó el pelo Jin?

a) azul

b) rosa

c) morado

Creo que quienes componen música desarrollan una forma de ver el mundo a través de su experiencia personal y su proceso creativo.

KIM NAM-JOON (RM)

¿SABÍAS QUE...

En enero de 2013, Jin creó un blog llamado Jin's Cooking Diary en el que publicaba recetas y fotos de diversos platos surcoreanos que preparaba durante la etapa de aprendices de BTS. Más tarde, empezó a hacer retransmisiones en directo en las que se le veía comiendo —unas veces solo, y otras con los demás miembros del grupo—, lo que popularmente se conoció como «Eat Jin».

¿Qué integrante de BTS tiene un tatuaje de la luna?

a) Jin

b) Jimin

c) Jungkook

CREO QUE NADIE PUEDE ESTABLECER SUS PROPIOS LÍMITES.

AUNQUE LOS LÍMITES EXISTEN, NO SABES DÓNDE ESTÁN HASTA QUE CHOCAS CON ELLOS.

PARK JI-MIN (JIMIN)

¿SABÍAS QUE...

El 20 de marzo de 2015, RM se convirtió en el primer miembro de BTS en lanzar un *mixtape* titulado *RM*. El álbum, que consta de once temas, fue publicado en SoundCloud por Big Hit Entertainment bajo el nombre artístico que RM tenía entonces, Rap Monster. Las canciones del álbum reflejan sus luchas internas y sus dudas, al tiempo que reafirman su confianza en sí mismo como rapero talentoso.

¿Qué canción tocó RM con el saxofón cuando Jin fue dado de baja del servicio militar?

---

a) «Butter»

b) «Dynamite»

c) «Permission to Dance»

SI TE GUSTA
ALGO DURANTE
MUCHO TIEMPO,
ESE SENTIMIENTO
SE INTENSIFICA,
Y SIEMPRE QUE
ME GUSTA ALGO,
ACABO HACIENDO
ALGO AL RESPECTO.

KIM TAE-HYUNG (V)

¿SABÍAS QUE...

Desde su debut, BTS ha sido conocido como «Bulletproof Boy Scouts» (chicos exploradores a prueba de balas), pero el grupo reveló una nueva identidad como «Beyond The Scene» el 5 de julio de 2017. Además de su identidad ya establecida, este título adicional tenía el objetivo de facilitar que sus fans coreanos e internacionales recordaran el nombre del grupo y, así, ampliar su alcance global.

¿Qué integrante del grupo perdió su pasaporte en la primera temporada de *Bon Voyage*?

a) RM

b) J-Hope

c) Jin

Sería una persona
muy distinta si los
demás integrantes del
grupo no demostraran
su amor por la
música de la forma
en que lo hacen
y yo no hubiera
crecido observándolos.

JEON JUNG-KOOK
(JUNGKOOK)

¿SABÍAS QUE...

En 2016, V y Jimin tuvieron una pelea en un suceso que se hizo famoso y se conoció como «el incidente de las empanadillas». Mientras ensayaban la coreografía de una de sus canciones, V quería comerse las empanadillas a mitad del ensayo, mientras que Jimin quería que se las comieran después. La pelea se intensificó, y dejaron de hablarse durante un par de semanas hasta que, por fin, resolvieron el problema tomándose unas copas.

¿Qué miembro de BTS colaboró con el artista estadounidense KAWS en la portada de su álbum debut en solitario?

a) J-Hope

b) RM

c) V

SI LE DIERA DEMASIADO
EN QUÉ PENSAR A MI «YO»
DEL PASADO, PODRÍA
TERMINAR SINTIÉNDOSE
AGOTADO DESPUÉS DEL
ENSAYO Y RENDIRSE.

**CREO QUE SERÍA
SUFICIENTE CON DECIRLE
QUE TRABAJE DURO.**

KIM SEOK-JIN (JIN)

¿SABÍAS QUE...

El videoclip de «DNA», publicado el 18 de septiembre de 2017, alcanzó los 100 millones de visualizaciones en solo 24 días: un logro sin precedentes para un grupo de K-pop en aquel momento. Posteriormente, el 1 de junio de 2020, se convirtió en la primera canción de una banda de K-pop que superaba los mil millones de visualizaciones. También fue la primera canción de un artista surcoreano que aparecía simultáneamente en las listas Billboard Hot 100 y Billboard 200.

¿Qué miembro de BTS cantó la canción «Intro: Singularity», que apareció como primera pista de su álbum de estudio *Love Yourself: Tear*?

a) Jimin

b) V

c) Jin

EXISTE UNA CULTURA
EN LA QUE LA
MASCULINIDAD SE
DEFINE POR CIERTAS
EMOCIONES Y
CARACTERÍSTICAS.
NO ME GUSTAN ESAS
MANIFESTACIONES.

MIN YOON-GI (SUGA)

¿SABÍAS QUE...

El 22 de febrero de 2019, BTS lanzó una búsqueda del tesoro para ARMY a través de la página web ARMYPEDIA. Las vallas publicitarias de las principales ciudades contenían 2.080 piezas de rompecabezas ocultas, en referencia a los días transcurridos desde su debut. Cada pieza del rompecabezas tenía un código QR que llevaba a los fans a un cuestionario sobre BTS. Si respondían correctamente, podían subir sus recuerdos personales de BTS a la página web.

G.C.F. o *Golden Closet Film* es una serie de vídeos de viajes grabados, editados y dirigidos por un integrante de BTS. ¿Sabes cuál de ellos es?

---

a) Jimin

b) RM

c) Jungkook

ARMY son la razón por la que puedo seguir adelante. Son como la gasolina de mi coche, o… ¿simplemente mi esencia?

JUNG HO-SEOK (J-HOPE)

¿SABÍAS QUE...

Justo antes de partir para cumplir el servicio militar obligatorio, de 18 meses, Jin protagonizó una serie web de variedades de cuatro episodios llamada *The Drunken Truth*, junto al famoso chef Baek Jong-won. Esta serie, estrenada en 2022, muestra el viaje de Jin mientras aprende a elaborar *makgeolli* casero, una bebida alcohólica tradicional coreana. En *Suchwita*, el programa de entrevistas conducido por SUGA, Jin le hizo probar esta bebida de elaboración propia.

¿Cuál es el título de la primera canción que Jimin compuso y grabó, y que fue publicada el 31 de diciembre de 2018?

a) «Promise»

b) «With You»

c) «Like Crazy»

CUANDO TRABAJO
CON OTROS ARTISTAS
Y ESCUCHO SUS
CONVERSACIONES,

**ENTIENDO CÓMO VIVEN
LAS PERSONAS QUE SE
DEDICAN A LA MÚSICA.**

KIM NAM-JOON (RM)

¿SABÍAS QUE...

Jin compuso la canción «Super Tuna» en solo cinco minutos mientras estaba de pesca con un amigo, ¡y además pescaron un atún! En un principio, en 2021 publicó una versión más corta como regalo para sus fans, pero la canción acabó encabezando la lista Billboard World Digital Song Sales, con más de 100 millones de visitas en YouTube, y se convirtió en la canción más popular del momento. Más tarde, en 2024, se lanzó la versión completa.

¿Qué canción interpretó
BTS en su primera entrega
de los Grammy 2020?

a) «Old Town Road»

b) «Seoul Town Road Remix»

c) «Butter»

ME DI CUENTA
DE QUE CUANDO
BAILO ME SIENTO
LIBRE Y FELIZ, SIN
EL PESO DE OTROS
PENSAMIENTOS.
EL BAILE TIENE EL
PODER DE HACERME
SENTIR ASÍ.

PARK JI-MIN
(JIMIN)

¿SABÍAS QUE...

Hasta febrero de 2025, la mayoría de los integrantes del grupo habían estrenado documentales en algún tipo de plataforma, ya sea en cines de todo el mundo o en un popular servicio de streaming. RM, SUGA, Jimin, J-Hope y Jungkook estrenaron sus documentales entre 2023 y 2024. En el momento de escribir este artículo, los únicos miembros que aún no tienen su propio documental son Jin y V.

¿Cómo se llama la canción que BTS lanzó en colaboración con Coldplay?

---

a) «My Universe»

b) «The Astronaut»

c) «All My Love»

Creo que nunca podría vivir en un mundo sin música. Pues amplifica todo lo que siento en cualquier momento, ya sea al ir al trabajo, mientras trabajo, al volver a casa o mientras estoy comiendo.

KIM TAE-HYUNG (V)

¿SABÍAS QUE...

Como solista, V ha colaborado en varias bandas sonoras de dramas coreanos. En 2020, compuso y produjo la canción «Sweet Night» para el drama *Itaewon Class*, que debutó en el número dos de la lista Digital Songs de Billboard de Estados Unidos. En 2021, grabó la canción «Christmas Tree» para el drama *Our Beloved Summer*. Los protagonistas masculinos de ambas obras forman parte de su grupo de amigos íntimos llamado Wooga Squad.

¿Qué miembro de BTS aprendió inglés por su cuenta viendo la famosa serie estadounidense *Friends*?

a) SUGA

b) J-Hope

c) RM

CREO QUE HEMOS AYUDADO A DIVERSIFICAR EL REPERTORIO MUSICAL QUE ESCUCHA LA GENTE,

Y, DESDE UNA PERSPECTIVA CULTURAL, LA DIVERSIDAD ES IMPORTANTE.

JEON JUNG-KOOK
(JUNGKOOK)

¿SABÍAS QUE...

En un principio, el club de fans de BTS iba a llamarse Bells, nombre que proviene de la palabra coreana *bang wool*, que suena como la primera parte de su nombre, Bangtan. Este dato lo reveló RM en una entrevista en *The Tonight Show Starring Jimmy Fallon*, donde comentó que ARMY le parecía un nombre mucho más adecuado para su club de fans.

¿Cómo se llama la vara luminosa (*lightstick*) oficial de BTS?

a) BTS Bomb

b) Purple Bomb

c) ARMY Bomb

UN DON QUE TENGO
ES LA CAPACIDAD
PARA DISFRUTAR
PRACTICANDO
REPETIDAMENTE;
POR LO QUE,
CUANDO CONSIGO
UN OBJETIVO
ANTES DE LA FECHA
LÍMITE, ME FELICITO
A MÍ MISMO.

KIM SEOK-JIN (JIN)

¿SABÍAS QUE...

En 2022, Jin colaboró con Nexon para producir vídeos promocionales (*teaser*) para su videojuego multijugador online *MapleStory*. En los vídeos se le ve trabajando como empleado de Nexon, llevando a cabo rigurosas tareas en su nuevo trabajo como desarrollador de videojuegos.

¿En qué programa de televisión apareció la canción «Euphoria» de Jungkook?

a) *Crash Landing on You*

b) *Business Proposal*

c) *Euphoria*

Quería incluir un sample (o muestra) de la música que suena durante el paseo ceremonial del rey así que, naturalmente, los elementos coreanos acabaron siendo un componente esencial de la canción.

MIN YOON-GI (SUGA) SOBRE LA CANCIÓN «DAECHWITA»

¿SABÍAS QUE...

Cuando SUGA aún era aprendiz en Big Hit, realizó todo tipo de trabajos a tiempo parcial. En 2012, mientras trabajaba como repartidor, fue atropellado por un coche y se lesionó el hombro. No se sometió a una cirugía de hombro hasta el 3 de noviembre de 2020, cuando por fin pudo descansar lo suficiente para recuperarse. Esta lesión también se menciona en su canción «Amygdala».

¿Cómo se llama el perro de SUGA?

a) Min Hollie

b) Min Holley

c) Min Holly

CREO QUE CONSEGUÍ QUERERME UN POCO MÁS A MÍ MISMO

Y PUDE CRECER COMO PERSONA MIENTRAS TRABAJABA EN EL ÁLBUM *LOVE YOURSELF*.

JUNG HO-SEOK (J-HOPE)

¿SABÍAS QUE...

Connect BTS, un proyecto artístico global celebrado de enero a marzo de 2020, se puso en marcha para reunir a veintidós artistas de cinco ciudades con el fin de compartir sus particulares formas de pensar y de crear. Se esperaba que esta experiencia generara una nueva comunicación entre el arte, la música y las personas, para redefinir las relaciones entre estos tres pilares. El proyecto contó con instalaciones que resonaban con la filosofía de BTS.

¿Qué integrantes de BTS hicieron una versión del baile (*cover*) de «Coming of Age Ceremony»?

a) Jungkook y V

b) V y Jimin

c) Jungkook y Jimin

TENGO MUCHOS
DEFECTOS Y
MUCHOS MIEDOS,
PERO VOY A
ACEPTARME A MÍ
MISMO CON TODAS
MIS FUERZAS, Y
ESTOY EMPEZANDO
A QUERERME,
POCO A POCO.

KIM NAM-JOON (RM)

¿SABÍAS QUE...

Map of the Soul: 7, lanzado el 21 de febrero de 2020, ha sido el álbum más vendido de BTS de todos los tiempos en Corea del Sur, con 4,8 millones de copias vendidas en todo el mundo. El álbum consta de 19 canciones en las que los miembros del grupo reflexionan sobre sus últimos siete años como banda desde su debut. Cada integrante contribuyó con al menos una canción en solitario para el álbum.

¿Cómo se llama el estudio de producción actual de RM?

---

a) Mon Studio

b) Rkive

c) Genius Lab

Si solo vemos el trabajo como trabajo, lo único que buscamos es el dinero, pero ni una sola vez se me ha pasado por la cabeza que la dinámica de nuestro grupo, o la relación que tenemos con nuestros fans, se base en eso.

PARK JI-MIN (JIMIN)

¿SABÍAS QUE...

Poco después del lanzamiento de la canción «Dynamite», BTS protagonizó una «Semana de BTS» en *The Tonight Show Starring Jimmy Fallon*, donde el grupo actuó en un escenario diferente en cada episodio, de lunes a viernes. Su aparición en este famoso programa de televisión estadounidense ayudó a BTS a consolidar aún más su nombre en Estados Unidos. Interpretaron las canciones «Dynamite», «Home», «IDOL», «Black Swan» y «Mikrokosmos».

¿Con qué cantante colaboró BTS para la versión remezclada (*remix*) de su canción «Butter»?

a) Olivia Rodrigo

b) Charlie Puth

c) Megan Thee Stallion

SI ALGUNA EMOCIÓN
ME ESTÁ ABRUMANDO,
ESCRIBO UNA
CANCIÓN SOBRE MIS
SENTIMIENTOS...

YA SEA UNA BUENA O
UNA MALA CANCIÓN, LA
SENSACIÓN DE HABER
CREADO ALGO ME AYUDA
A DESHACERME DEL DOLOR
O EL SUFRIMIENTO POR
EL QUE ESTÉ PASANDO.

KIM TAE-HYUNG (V)

¿SABÍAS QUE...

Apenas unos días después de emitir «Butter», McDonald's lanzó un BTS Meal (Menú BTS) como parte de su colaboración con el grupo. El menú se vendió en los restaurantes durante solo cuatro semanas, a partir del 26 de mayo de 2021, en unos cincuenta países. En solo veinticinco días, McDonald's alcanzó unas ventas récord de más de 1,2 millones de BTS Meals en todo el mundo.

¿Qué canción se lanzó de forma no oficial el 5 de junio como parte de la celebración del BTS Festa 2020?

a) «My You»

b) «Standing Next to You»

c) «Still With You»

SI NO ASPIRARA A MEJORARME A MÍ MISMO, SERÍA PRÁCTICAMENTE UN HOMBRE MUERTO.

JEON JUNG-KOOK
(JUNGKOOK)

¿SABÍAS QUE...

En 2018, SUGA pasó a ser miembro de pleno derecho de la Asociación Coreana de Derechos de Autor Musicales (KOMCA). Para lograr esta hazaña, antes tuvo que estar inscrito como socio al menos tres años, contribuir con creaciones musicales sustanciales y obtener unas regalías de más de 30.000 dólares anuales. Ganó su primer premio como productor musical en los Melon Music Awards de 2017 por colaborar con Suran en la canción «Wine».

¿Qué integrante compuso el álbum *Layover*?

a) Jin

b) V

c) Jimin

Como sugiere el título, me sentía muy deprimido, sumido en lo más profundo de un abismo, cuando escribí la letra. El proceso de cantar y grabar la canción me ayudó a aliviar muchas de esas emociones.

KIM SEOK-JIN (JIN) SOBRE LA CANCIÓN «ABYSS»

¿SABÍAS QUE...

V tenía un pomerania, conocido como Yeontan o Tannie, que falleció en diciembre de 2024 debido a complicaciones derivadas de una grave enfermedad cardíaca crónica. V presentó por primera vez a su perro a todo el mundo en 2017 y, desde entonces, compartió numerosos momentos con él en las redes sociales. Yeontan hizo un cameo en el videoclip de V para «Winter Bear», además de aparecer en la portada de su álbum debut.

¿Cuál es el nombre de
la estudiante transferida
que interpreta SUGA en
el episodio 11 de *Run BTS*?

a) Young-ji

b) Yuji

c) Yoonji

HAY MOMENTOS EN LOS QUE AÚN ME SORPRENDEN LAS INIMAGINABLES COSAS QUE ESTÁN SUCEDIÉNDONOS.

PERO ME PREGUNTO: ¿QUIÉN VA A HACER ESTO, SI NO NOSOTROS?

MIN YOON-GI
(SUGA)

¿SABÍAS QUE...

En 2015, como parte de su álbum *The Most Beautiful Moment in Life Pt.2*, BTS lanzó una canción titulada «Whalien 52», que trata sobre la ballena más solitaria del mundo, la única especie capaz de producir una frecuencia de 52 hercios. Utilizada como metáfora de su soledad y su arte, los miembros cantan sobre no ser nunca escuchados ni comprendidos por nadie, hasta que quizá lo haga ARMY.

¿Qué canción de BTS apareció en la serie de Netflix *Bridgerton*?

a) «Black Swan»

b) «Dynamite»

c) «Permission to Dance»

SUELO DEJARME
ACONSEJAR POR
LAS PERSONAS
QUE ME RODEAN;
SU CALIDEZ Y
SU SINCERIDAD
ME HAN GUIADO
HASTA DONDE
ESTOY AHORA.

JUNG HO-SEOK
(J-HOPE)

¿SABÍAS QUE...

V era un integrante oculto del grupo antes de su debut. La empresa Big Hit decidió no revelar su rostro ni su identidad como miembro del grupo cuando los demás publicaban entradas y actualizaciones en las redes sociales. Esta estrategia ayudó a crear un elemento de sorpresa, debido a su atractivo físico y su personalidad única. Utilizando a V como carta de triunfo, la empresa logró generar un gran revuelo mediático.

¿Qué actriz surcoreana protagonizó el videoclip de «Seven»?

a) Kim Hye Yoon

b) Kim Yoo Jung

c) Han So Hee

Estés donde estés, hables el idioma que hables, tengas la edad que tengas, somos uno.

KIM NAM-JOON (RM)

¿SABÍAS QUE...

Cuando los miembros debutaron, lo hicieron con la compañía Big Hit Entertainment, fundada en 2005. Más tarde, a medida que la empresa crecía gracias a la popularidad de BTS, pasó a llamarse HYBE Corporation en 2021 para centrarse en una gama más amplia de unidades de negocio y proyectos. El sello discográfico Big Hit pasó a llamarse Big Hit Music y se convirtió en una filial de HYBE.

¿Qué integrante del grupo no tiene carné de conducir?

a) Jimin

b) RM

c) V

RECUERDA QUE AQUÍ, EN COREA, EN LA CIUDAD DE SEÚL,

HAY UNA PERSONA QUE TE ENTIENDE.

PARK JI-MIN (JIMIN)

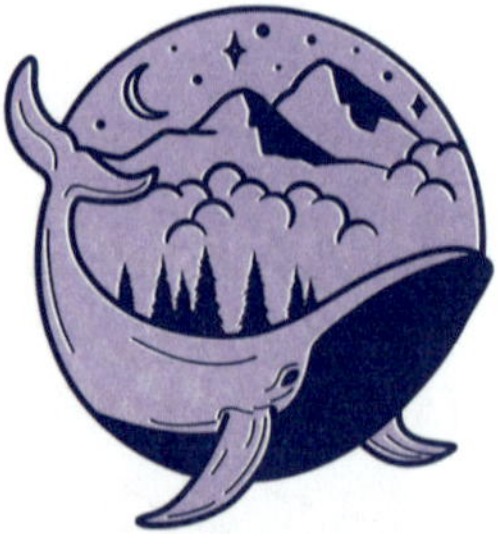

¿SABÍAS QUE...

El videoclip de la canción «Spine Breaker» fue dirigido por los propios miembros del grupo como parte de su serie web de variedades *BTS Gayo*. La canción expresa su preocupación por la presión social que impulsa a hacer alarde de riqueza y a llevar marcas caras. El director fue RM, con J-Hope como ayudante de dirección, Jin como coreógrafo y Jungkook como cámara.

¿Cuántas canciones tiene *Happy*, el álbum con el que debutó en solitario Jin?

a) siete

b) cinco

c) seis

NO CREO QUE EL
CAMBIO SEA ALGO
MALO, PORQUE
HE APRENDIDO A
DECIDIR QUÉ ES LO
MEJOR PARA MÍ Y
QUÉ NO LO ES.

KIM TAE-HYUNG (V)

¿SABÍAS QUE...

La primera etapa o era de la carrera musical de BTS se denomina «la trilogía escolar» y gira en torno a la temática de «el adolescente rebelde». Está compuesta por sus tres primeros álbumes: *2 COOL 4 SKOOL*, *O!RUL8,2?* y *SKOOL LUV AFFAIR*. Estos álbumes se centran en las inquietudes y las alegrías de la juventud, desde las escuelas que imponen sus ideas rígidas a los alumnos hasta los sueños, las esperanzas y las vidas amorosas de los adolescentes.

¿Quién fue uno de
los compositores de
«Permission to Dance»?

a) Chris Martin

b) Charlie Puth

c) Ed Sheeran

Debemos intentar respetarnos y comprendernos mutuamente. Tenemos que ser considerados con los demás.

JEON JUNG-KOOK
(JUNGKOOK)

¿SABÍAS QUE...

El miembro del grupo con más tatuajes es Jungkook, con al menos 18, la mayoría de ellos en su brazo derecho. Sin embargo, uno de sus tatuajes más queridos y populares es el de «ARMY», que se hizo a finales de 2018 o principios de 2019, situado en los nudillos de su mano derecha. Es una clara expresión del amor que siente por sus fans.

¿Qué canción de BTS
fue una colaboración con
The Chainsmokers?

a) «Best of Me»

b) «Make It Right»

c) «Boy With Luv»

MI LEMA DE VIDA
DESDE HACE MÁS
DE DIEZ AÑOS
ES SER FELIZ.

CON SER FELIZ
TAMBIÉN DENTRO
DE DIEZ AÑOS
ME SENTIRÍA
SATISFECHO.

KIM SEOK-JIN (JIN)

¿SABÍAS QUE...

Jin es conocido por ser un apasionado de los videojuegos y comparte sus experiencias y su entusiasmo con los fans a través de diversas retransmisiones en directo y vídeos detrás de las cámaras. Solía jugar a menudo durante las giras mundiales de BTS, y lo describía como una forma de aliviar el estrés. Su amor por los videojuegos también se refleja en su canción «Another Level», inspirada en el concepto de subir de nivel en los juegos.

¿A qué integrante le otorgó la revista *Nubia Magazine* el título de «el hombre más guapo del mundo» en 2024?

a) Jin

b) V

c) Jungkook

SIEMPRE HABRÁ
UNA ETAPA DE
ESTANCAMIENTO.
TODOS PASAMOS
POR ELLO. ¿QUÉ
HAY QUE HACER?
SIMPLEMENTE,
SEGUIR ADELANTE.

MIN YOON-GI (SUGA)

¿SABÍAS QUE...

En la segunda temporada de *In the Soop* (2021), todos los integrantes del grupo se fueron de vacaciones a Pyeongchang, Corea del Sur. Su sello discográfico compró el lugar de rodaje por más de un millón de dólares estadounidenses e incluso construyó una mansión para que los miembros realizaran todo tipo de actividades relajantes durante su tiempo de descanso. La casa estuvo disponible en Airbnb para una estancia de una noche el 29 de agosto de 2022, donde se podía disfrutar de una estancia similar a la que disfrutó el grupo.

¿Qué videoclip dirigió Jungkook?

---

a) «Spine Breaker»

b) «Life Goes On»

c) «Hate You»

Todo el mundo dice «Sueña a lo grande», pero no creo que sea necesario vivir con tanta intensidad todo el tiempo.

KIM NAM-JOON (RM)

¿SABÍAS QUE...

El 31 de diciembre de 2021, la cuenta oficial de Twitter (ahora X) de HYBE Merch anunció que el grupo lanzaría su propia línea de *merchandising*. Esta colección de productos oficiales, denominada Artist-Made, era exclusiva de los integrantes, ya que ellos participaron en el proceso de planificación y diseño de los productos. Sin embargo, ¡los artículos se agotaron en cuestión de minutos!, y después los revendedores los pusieron a la venta a precios exorbitados.

¿Dónde interpretó BTS
por primera vez la versión
instrumental de «Black Swan»?

a) MMA 2020

b) *The Tonight Show Starring Jimmy Fallon*

c) *The Late Late Show with James Corden*

DEBO CONFESAR QUE
LOS NERVIOS ANTES DE
UNA ACTUACIÓN TIENEN
CIERTO ENCANTO.

ES UNA SENSACIÓN
ESTIMULANTE, UNA
ALEGRÍA EXPECTANTE.
ME GUSTA ESE TIPO
DE TENSIÓN.

KIM TAE-HYUNG (V)

¿SABÍAS QUE...

En la industria del K-pop, BTS inició la tendencia de crear coreografías de baile únicas para Halloween con sus canciones. Empezando con «War of Hormone» en 2014, continuaron interpretando diferentes canciones cada año, incluyendo «Danger», «Dope» y «21st Century Girl». Sin embargo, la canción más popular fue «Go Go», en la que V interpretaba a Blancanieves y los demás miembros a los enanos. Obtuvo más de 248 millones de visitas.

En la tercera temporada de *Bon Voyage*, ¿a dónde viajó BTS?

a) Nueva Zelanda

b) Hawái

c) Malta

CREO QUE MI
TRABAJO ES SEGUIR
SIENDO CREATIVO.

JUNG HO-SEOK
(J-HOPE)

¿SABÍAS QUE...

El 22 de abril de 2021, Louis Vuitton anunció a BTS como sus nuevos embajadores de la marca. Su colaboración incluía una serie de proyectos especiales, y se esperaba que los miembros lucieran atuendos de Louis Vuitton durante sus actuaciones y apariciones públicas. Más tarde, en julio, BTS colaboró con el diseñador de moda de Louis Vuitton, Virgil Abloh, para lanzar un vídeo de moda en el que cada miembro lucía un conjunto de la colección.

¿En qué canción bailó Jimin con los ojos vendados junto a J-Hope?

---

a) «Caught in a Lie»

b) «Intro: Boy Meets Evil»

c) «Serendipity»

Quizá piensen que
eres demasiado joven
o demasiado ingenuo.
Pero, al fin y al cabo,
son los necios quienes
cambian el mundo.
Realmente, me lo creo.
Así que creamos más
en nosotros mismos.

KIM NAM-JOON (RM)

¿SABÍAS QUE...

BTS participó en un reality show llamado *American Hustle Life*, que se estrenó el 24 de julio de 2014. La serie, compuesta por ocho episodios, mostraba a los componentes del grupo entrenándose con artistas de hip-hop como Coolio, Tony Jones y Warren G en Los Ángeles durante más de dos semanas, lo que les ayudó a experimentar la cultura hip-hop estadounidense.

¿Qué canciones se inspiraron en el famoso «incidente de las empanadillas» entre V y Jimin?

a) «4 O'Clock» y «Friends»

b) «Spring Day» y «Begin»

c) «Like» y «Best of Me»

HAY QUIENES DICEN QUE DEBERÍAS MANTENER TU PRIMER AMOR COMO UN PASATIEMPO Y NO CONVERTIRLO EN TU TRABAJO.

PERO NO ESTOY DE ACUERDO EN ESO, PORQUE ME DEDICO PROFESIONALMENTE A LO QUE AMO.

KIM TAE-HYUNG (V)

¿SABÍAS QUE...

En marzo de 2023 se anunció que Jungkook sería el embajador mundial de la marca Calvin Klein, y protagonizó la promoción del catálogo de primavera de 2024. La campaña se rodó en distintos lugares de la estación Grand Central de Nueva York, así como en un estudio, donde Jungkook lució varios conjuntos. Gracias a su estatus de estrella del pop, la campaña generó 13,4 millones de dólares en valor de impacto mediático en 48 horas, la cifra más alta jamás alcanzada por la marca.

¿Qué integrantes tuvieron cameos en la canción «Daechwita» de SUGA (Min Yoon-gi), que lanzó bajo el nombre artístico de Agust D?

a) Jimin y V

b) J-Hope y RM

c) Jin y Jungkook

PARA PODER
SITUARME EN ESTE
PUNTO DE PARTIDA
Y EMPRENDER UN
NUEVO VIAJE,
PENSÉ QUE SERÍA
NECESARIO MIRAR
HACIA ATRÁS Y
ENFRENTARME A
MÍ MISMO POR
COMPLETO.

PARK JI-MIN (JIMIN)
SOBRE SU ÁLBUM
DE DEBUT

¿SABÍAS QUE...

Los integrantes de BTS lanzaron su primer álbum antológico, *Proof*, el 10 de junio de 2022. El álbum incluye numerosos sencillos lanzados a lo largo de los años, junto con una selección de los favoritos de los miembros de la banda, varias maquetas e incluso algunas canciones inéditas. Este álbum marcó el cierre del primer capítulo de la banda antes de entrar en su décimo año. El álbum vendió más de dos millones de copias en todo el mundo el mismo día de su fecha de lanzamiento.

¿Cuántos álbumes de estudio ha publicado RM?

a) cuatro

b) dos

c) tres

Algunos han estado con nosotros desde nuestro debut, otros nos conocieron más tarde y es posible que algunos ya hayan dejado de seguirnos. Pero quiero darles las gracias a todos, independientemente de CUÁNDO nos hayan querido.

JEON JUNG-KOOK
(JUNGKOOK)

PALABRAS FINALES

Ahora que te has teñido de morado por el amor a BTS y que lo conoces todo sobre su asombroso viaje hasta convertirse en algunos de los artistas más queridos y con más talento del planeta, tú también puedes inspirarte para quererte a ti mismo y transformar tu vida en algo que te haga sentir feliz y te realice como persona.

Siempre puedes volver a este libro cuando necesites volver a entrar en el universo de BTS. ¡Recuerda que hay siete personas animándote para que seas feliz!

RESPUESTAS

8. c
11. a
14. b
17. a
20. c
23. c
26. c
29. c
32. a
35. c
38. a
41. c
44. b
47. a
50. c
53. b
56. c
59. b
62. b
65. a
68. a
71. b
74. c
77. a
80. b
83. a

86. c
89. c
92. c
95. c
98. c
101. b
104. c
107. c
110. b
113. c
116. b
119. c
122. b
125. c
128. c
131. a
134. b
137. b
140. a
143. c
146. b
149. a
152. c
155. b

CRÉDITOS DE LAS IMÁGENES

Imagen de portada: BTS © /Shutterstock.com; p. 2 y a lo largo del libro: alas © APIA RALIO/Shutterstock.com; p. 5: planeta con anillo © inspiron.dell.vector/Shutterstock.com; p. 6 y a lo largo del libro: dibujo lineal de la promesa con el meñique © SENIMANTO_ID/Shutterstock.com; p. 7 y en todo el libro: ballena © bobotaks/Shutterstock.com; p. 8 y en todo el libro: mariposa © MY_DESIGN7788/Shutterstock.com; p. 12 y en todo el libro: globo aerostático © Zhee-Graphic/Shutterstock.com; p. 15 y en todo el libro: ADN © In Art/Shutterstock.com